LETTRES
ALGÉRIENNES

PAR

L. ROUYER

COLON

Janvier 1898.

BONE

IMPRIMERIE BONOISE, 9, RUE BUGEAUD, 9

1898

A Monsieur le Gouverneur général

Lépine,

Requête pressante autant que respectueuse

L. R.

IL FAUT ABOUTIR

26 novembre 1897.

Puisque M. le Gouverneur général Lépine entend ne pas se mêler de nos querelles locales, s'abstenir soigneusement de toute immixtion en matière électorale — ce dont nous ne saurions trop le louer, surtout... s'il atteint ce degré de perfection — nous estimons qu'un homme de cette activité et de cette énergie éprouvera certainement le besoin de les employer ailleurs et voudra, comme on dit, « marquer son passage » en Algérie.

La besogne, alors, ne lui manquera pas et il nous étonnerait qu'un esprit, qu'on dit si bien ordonné, ne se préoccupât point d'abord et avant tout des questions d'intérêt public soulevées depuis longtemps et n'ayant point encore reçu de solution.

Rien ne nous paraît plus pratique et plus profitable pour lui qu'une étude de ce genre, car elle instruirait en peu de temps le nouveau Gouverneur général des choses qu'il doit savoir et cela beaucoup mieux peut-être que les nombreux interrogatoires auxquels il pourra soumettre ses chefs de service.

« Pourquoi, par exemple, se demandera-t-il, tel travail, proposé il y a quinze ans, est-il encore réclamé en ce moment. Si on ne s'est pas heurté à une impossibilité budgétaire, pourquoi n'a-t-il pas été réalisé ? »

En prenant au hasard trois ou quatre dossiers, en les passant au crible un à un, nous serions fort étonné que M. Lépine n'arrivât pas à conclure que c'est tout simplement parce qu'il a manqué parfois une volonté directrice ou parce qu'on s'est éparpillé sur trop de points à la fois en négligeant d'assurer ses derrières avant d'aborder de nouveaux problèmes.

Souvent aussi, trop souvent peut-être, trouvera-t-il la trace d'influences politiques ou privées assez puissantes pour enrayer le bon vouloir d'en haut, et cette constatation ne sera pas sans l'émouvoir quelque peu lorsqu'elle viendra contrecarrer son ferme dessein d'ignorer ces influences ; car celles-là, dans son amour de bien faire, il comprendra qu'il lui faudra bien un jour ou l'autre les connaître pour les brider et les réduire à l'impuissance.

Mais, passons. Notre intention, à l'heure actuelle, est tout bonnement de rappeler ici quelques-unes de ces affaires intéressant le département de Constantine et de les signaler par là même à l'attention du gouvernement général.

Nous les choisissons de préférence parmi celles que nous croyons le moins susceptibles d'évoquer des personnalités et dont la prompte réalisation nous apparaît comme facile à obtenir avec quelque esprit de suite.

La première, la plus ancienne en date, est celle qui a trait aux irrigations d'Aïn-Mlila et d'El-Guerrah, aux portes de Constantine même.

Les Irrigations d'Aïn-M'lila et d'El-Guerrah

Dès 1883, à la session d'octobre du Conseil général, notre vieil ami Joly de Brésillon donnait lecture à cette assemblée d'un remarquable et long rapport sur l'hydraulique agricole du département.

Parmi les projets formés à cette époque et compris sous cette rubrique, figurait le desséchement des marais d'Aïn-M'lila et l'utilisation des eaux à obtenir par ce desséchement.

Joly de Brésillon avait trouvé un utile et précieux auxiliaire dans un rapport antérieur de M. l'Ingénieur en chef Lebiez, ce qui prouve que la première pensée de ce travail bienfaisant remonte à une date bien plus ancienne que 1883.

M. Lebiez indiquait la possibilité d'assainir 25.000 hectares de terres, sur lesquels 2.500 pourraient ensuite être irrigués pour le plus grand bien de la colonisation.

Desséchons d'abord, nous irriguerons ensuite, disait le rapport, et c'est là une phrase qu'il convient de retenir, ne prêtant à aucune équivoque et faisant ressortir l'intention bien nette de l'auteur, en parfaite communion d'idées, d'ailleurs, avec toute la population du pays.

S'il en fallait une preuve, nous pourrions la trouver dans les archives de la commune d'Aïn-M'lila, dont la Commission municipale prenait à l'unanimité, le 25 janvier 1884, une délibération réclamant le desséchement et l'irrigation.

A la même date, 52 pétitionnaires, c'est-à-dire la presque totalité des propriétaires de la contrée, exprimaient le même désir.

Enfin, dans la séance du 26 avril 1884, *vingt-sept conseillers généraux* signaient un vœu très longuement motivé, dont il suffit de relever ici les principaux passages :

« Attendu que les douars M'raouna, Kouahi, Oued-Gassem et Oued-Djetrich renferment des communaux qui ne sont que des marais infects, des réceptacles de détritus de toutes sortes et des foyers de pestilence ;

... « Attendu que le 3ᵉ bureau du Conseil général (28 décembre 1883), que le Génie militaire et que MM. les Ingénieurs se sont prononcés dans le sens de l'assainissement à bref délai :

... « Considérant :

« Que ces parties de terrains, nuisibles, inutilisées et préjudiciables à la santé publique peuvent devenir d'excellentes terres *irrigables:*

... « Considérant, enfin, que les desséchements, les assainissements et les *irrigations* sont des conditions de réussite pour la colonisation ;

« Que dès lors il y a lieu d'aviser *promptement.*

« Le Conseil général émet le vœu :

« Que M. le Gouverneur général amodie au profit de la commune d'Aïn-M'lila, pour 25 ou 30 années, les 2.000 hectares de marais demandés au projet approuvé par la Commission municipale, ces communaux devant être une source de fortune pour les douars précités et les terres voisines. »

Ont signé : MM. Marchis, Fabre, J. Bertagna, Chabassière, Puech, Abadie, Calendini, Lagrange, Brunet, Rouyer, Dasnières, Rose, Pierre LAVIE, Caudriller, Dubourg, Kraft, Fawtier, Treille, Dardillac, de Cerner, Biziou, Bourceret, Deyron, Joly de Brésillon, Quaintenne, Lesueur, Raffin.

Il va sans dire que l'urgence fut aussitôt déclarée et le vœu adopté.

L'administration ne pouvait y rester indifférente, surtout à une époque où le Gouverneur de l'Algérie, M. Tirman, venait de prêcher une sorte de croisade en faveur de l'hydraulique agricole.

En effet, dans une circulaire datée d'Alger (13 juillet 1883), ce haut fonctionnaire s'était exprimé ainsi :

« L'eau est la première des richesses dans un pays comme l'Algérie ; les efforts communs doivent donc tendre à n'en point laisser perdre la plus minime quantité, toutes les fois que le travail des hommes peut la retenir au profit de l'*agriculture* et de l'Algérie.

... « L'aménagement et l'utilisation générale des eaux doit être, dans ce pays, une des préoccupations principales de l'Administration. Si elle a fait beaucoup dans ce sens, je suis persuadé qu'il reste encore beaucoup à faire, car nos rivières jettent encore à la mer un volume d'eau capable de vivifier des étendues de terres considérables, que la sécheresse seule condamne à la stérilité ».

Dans de telles conditions et en présence de l'accord de l'Administration et des corps élus, on ne pouvait moins faire que d'aller de l'avant et les travaux ne tardèrent pas à commencer. Ils furent, reconnaissons-le, assez rapidement poussés et, à part quelques critiques de détail, aussi bien réussis que possible au point de vue technique.

De nombreux canaux de drainage assainirent l'immense plaine et amenèrent les eaux dans un canal de dérivation qui, finalement, les conduisit dans le Bou-Merzoug, entre El-Guer-rah et les Ouled-Rahmoun.

Sans être parfaite, l'œuvre avait atteint en partie le but qu'on se proposait, car il n'est pas douteux que l'état sanitaire de cette vaste région ne se soit, depuis lors, amélioré dans une large mesure.

Mais c'est ici que les choses se gâtent et qu'on va pouvoir prendre sur le vif ce défaut de persévérance et de logique, cette bizarre inconséquence qui stérilise les plus louables efforts et dont nous nous plaignions en commençant cette étude.

« *Desséchons d'abord, avait-on dit, et nous irriguerons ensuite.* »

Le desséchement était terminé, il n'y avait donc plus qu'à irriguer.

Eh bien ! voilà plus de dix ans que ce desséchement est achevé, et en dépit des engage-
ments pris, en dépit de maints rappels à l'ordre,
à l'encontre des réclamations incessantes des
colons, on n'a encore rien irrigué, on ne veut
même pas permettre aux riverains de prati-
quer la plus légère saignée pour se procurer
les légumes nécessaires à leur pot-au-feu !

Bien plus, la seconde partie du vœu du Conseil général, celle qui avait trait à l'amodiation
des terres irrigables, est restée lettre morte.

Et quelles belles raisons, quels beaux pré-
textes, et combien contradictoires surtout,
pour entraver le couronnement de l'œuvre
entreprise !

On commence par dire qu'il convient d'attendre, pour connaître le débit total des cours
d'eau obtenus. La chose était d'importance,
sans nul doute, afin de savoir si les 2.000
hectares prévus pourraient être desservis ; mais
le public imaginera difficilement que cette
expérience ait nécessité une période de dix
années. Depuis longtemps le service des Ponts
et Chaussées, celui-là même qui, sous M. l'Ingénieur en chef Lebiez, s'était montré si favorable, doit être renseigné sur ce point primor-
dial et on s'explique d'autant moins son attitude
ultérieure, qu'en définitive il ne pouvait lui
revenir qu'honneur et profit moral de la réalisation d'une œuvre aussi éminemment utile.

Aussi ne s'est-il pas cantonné trop longtemps
derrière une objection qui ne pouvait résister
au plus simple examen.

Mais alors survinrent de sa, part ou tout au
moins sous son influence, des obstacles d'un
autre genre. La ville de Constantine, par exemple, s'alimentant en eau potable à Fesguia, et
le bassin de Fesguia dépendant du régime des
eaux d'Aïn-M'lila, allait peut-être s'opposer aux
irrigations projetées ?

Mais la ville de Constantine ne faisant et n'ayant à faire, en réalité, aucune opposition de ce genre, il fallait trouver autre chose. L'Administration n'y manqua point.

Avec une fertilité d'esprit qu'elle devrait bien employer plus souvent et pour de meilleures causes, l'Administration découvrit qu'avant de songer à livrer à l'agriculture des eaux qui n'existaient pas auparavant et qui venaient, si on peut s'exprimer ainsi, d'être *créées* à grands frais dans le seul but de servir cette agriculture, il fallait attendre... *le résultat de l'instance engagée par la maison Lavie contre l'Etat à propos des chutes d'eau du Rhumel.*

Nous n'avons pas à prendre parti ici dans un débat qui a déjà fait couler tant de flots d'encre et donné lieu à tant de joutes oratoires devant les juridictions les plus diverses : duel singulier, d'ailleurs, et que les parties intéressées ne semblent pas elles-mêmes fort pressées de terminer.

Mais à première vue, l'opinion publique se trouble à la pensée que des intérêts privés de quelque importance qu'ils soient, puissent faire échec aux besoins et aux intérêts de tout un pays. Elle sent qu'il y a là quelque chose d'anormal et s'irrite ; elle a peine à croire à ce qu'on avance.

Et pourtant, voici une preuve officielle, sous forme de lettre adressée par le Ministre de l'Agriculture au Gouverneur général, le 3 mai 1894 :

« Monsieur le Gouverneur général,

« Vous m'avez fait l'honneur de me ren-
« voyer, avec un rapport de MM. les Ingé-
« nieurs de la circonscription de Constantine,
« la demande présentée par M. X... à l'effet
« d'obtenir que l'eau disponible du canal de
« desséchement d'Aïn-M'lila à El-Guerrah, soit

« mise à la disposition *des propriétaires rive-*
« *rains* pour l'irrigation.

« Il résulte de l'examen de l'affaire que l'eau
« du canal vient en apport du Rhumel en
« amont de Constantine. Or, tant qu'il n'aura
« pas été statué définitivement sur l'instance
« Lavie *actuellement soumise au Conseil*
« *d'Etat* (1), il n'est plus possible d'accorder
« aucune autorisation de prise d'eau, ni de
« faire aucune réglementation, tant en ce qui
« concerne les affluents du Rhumel que le
« Rhumel lui-même, en amont de Cons-
« tantine.

« ...Dans ces conditions, *conformément aux*
« *propositions de MM. les Ingénieurs* et d'après
« votre avis, j'ai reconnu qu'il convenait de
« surseoir à examiner la demande en question.

« Veuillez agréer, etc. »

C'est donc bien la maison Lavie qui sert de
prétexte à cette regrettable situation, si elle
n'en est la cause directe.

On nous permettra d'opiner pour la première hypothèse et de croire qu'en l'espèce,
l'administration se montre plus royaliste que
le roi, car, on se le rappelle, la signature de
M. Pierre Lavie figure au bas du vœu présenté
le 26 avril 1884. Or, M. Pierre Lavie n'était pas
homme à signer une pièce sans la lire ; il avait
la claire notion des intérêts de sa maison,
toujours présents à son esprit ; il savait ce
qu'il faisait en s'associant avec ses collègues
pour réclamer l'irrigation des terres d'Aïn-
M'lila ; après avoir signé avec eux, il a voté
l'urgence et l'adoption du vœu. Et, s'il l'a fait,
c'est qu'en toute connaissance de cause, il
jugeait que les irrigations projetées ne pou-

---

(1) C'est chose aujourd'hui réglée. Espérons qu'on ne
trouvera pas d'autres obstacles.

vaient lui causer aucun préjudice ou que, du moins, il n'avait aucune prétention à élever de ce côté.

A moins donc que ses héritiers et successeurs ne pensent autrement que lui sur ce point, on ne s'explique pas le zèle de l'Administration, s'exerçant ainsi au détriment des colons.

Ce que nous disons ici paraîtra à tous l'évidence même et il suffit de jeter un coup d'œil sur la carte du pays pour s'en convaincre.

Les chûtes du Rhumel sont alimentées par l'Oued-Rhumel et par l'Oued-Bou-Merzoug. Toutes les eaux de la vallée du Rhumel, depuis Saint-Donat jusqu'à Constantine, ont été réservées à l'alimentation des usines. De ce côté, rien à faire, en raison du contrat de concession alloué par l'Etat à la famille Lavie, mais il n'en est pas de même de la vallée du Bou-Merzoug, où existent de vastes propriétés irriguées, parmi lesquelles les terres de certains membres de ladite famille occupent une place importante.

Dès lors, comment admettre un seul instant que, si les irrigations sont autorisées sur le cours moyen et inférieur du Bou-Merzoug au profit de l'agriculture, cette même agriculture se voit refuser, en amont, l'utilisation d'une eau que le Bou-Merzoug ne reçoit pour ainsi dire qu'artificiellement, d'une eau qui ne lui appartenait pas et qui a été tirée du sol à grands frais à l'intention de l'agriculture !

Cette eau existait-elle, il y a cinquante ans, à l'époque où l'Etat concédait les chûtes du Rhumel à la maison Lavie ? Non.

Et, enfin, au moment où l'Administration effectuait les travaux de canalisation de la plaine d'Aïn-M'lila, à quel titre a-t-elle pu obtenir des colons l'abandon gratuit fait par eux des terrains nécessaires au passage des canaux et à la formation des talus ?

Pourquoi et à quel titre auraient-ils accepté de payer des redevances annuelles spéciales?

En raison, n'est-ce pas, des avantages qu'on leur promettait pour l'irrigation de leurs propriétés. Il n'est, et ne peut être, d'autre explication de leur adhésion unanime.

Et si ces arguments n'étaient pas suffisants pour faire éclater une lumière qui aveugle; si pour un instant, on admettait que la maison Lavie puisse émettre la moindre prétention sur les eaux du haut Bou-Merzoug, ne faudrait-il pas en conclure — ce qui serait absurde pourtant — que la conduite qui alimente la ville de Constantine a été établie arbitrairement et au mépris des droits des usiniers...

Poser une semblable question, c'est la résoudre.

Mais il ne suffit pas d'avoir cent fois raison. Il faut aussi arriver à mettre en mouvement la lourde machine administrative, à briser d'incompréhensibles résistances et à faire rendre justice aux populations qui attendent depuis longtemps l'exécution de solennelles promesses.

Nous espérons bien que M. Lépine voudra s'intéresser à leur cause. — Il n'en est pas qui rentre mieux dans le programme qu'il s'est tracé.

Un dernier argument sera peut-être de nature à le frapper.

Non seulement les colons d'Aïn-M'lila et d'El-Guerrah attendent depuis 1883 l'eau qui doit apporter la vie dans leur pays, mais on peut dire que leur situation actuelle est plus précaire qu'autrefois.

En effet, si les drainages ont fait disparaître de dangereux marécages et amélioré l'état sanitaire, il est arrivé en même temps que les terres asséchées ne donnent plus de récoltes et de pâturages naturels aussi abondants que par

le passé, dans les années de sécheresse surtout. En un mot, le problème avait deux termes, absolument connexes, le *desséchement* et
l'irrigation.

En se bornant au premier, c'est la ruine
qu'on leur a apportée. Beaux résultats de tant
de beaux projets !

Nous ne saurions trop les engager à protes-
ter de toutes leurs forces contre un pareil déni
de justice.

Sans doute, ils ne s'en sont pas fait faute à
diverses reprises, et sont-ils las de tant d'efforts restés infructueux. Ce serait un tort
pourtant de leur part que d'oublier le vieux
proverbe : « Aide-toi, le ciel t'aidera. »

Qu'ils se groupent, qu'ils s'entendent, qu'ils
fassent appel à tous leurs mandataires à divers degrés, et que, par une vaste pétition, ils
s'adressent, par l'intermédiaire bienveillant de
M. le préfet Dufoix, au Gouvernement général dont dépend finalement le succès de leur
juste cause.

Ils finiront par triompher. C'est notre con-
viction intime.

Le repeuplement d'Enchir-Saïd

10 Décembre.

Nous avons dit, dans un précédent article, comment il serait possible à l'Administration supérieure de hâter la marche en avant de la colonisation, en sériant les questions à résoudre, et en s'attachant d'abord à tirer parti de ce qui est à sa disposition sans bourse délier.

C'est une affaire de ce genre que nous lui rappelons aujourd'hui, en même temps que nous la faisons passer sous les yeux du lecteur.

Le village d'Enchir-Saïd, à 22 kilomètres de Guelma, sur la route de Philippeville, a été créé vers 1860.

Très abondamment pourvu d'eau et de bois, avec des terres de qualité au moins égale à une bonne moyenne, il n'a pas réussi.

Pourquoi ? Pour diverses raisons dont les principales étaient l'insalubrité, l'insuffisance d'étendue des lots, le mauvais choix des premiers occupants et le défaut de clauses résolutoires.

Pour les trois dernières, c'est un *mea culpâ* à faire et qui a, d'ailleurs, servi de leçon. Quant à la première, commune alors à beaucoup de centres créés, on peut dire que la situation s'est sensiblement améliorée et qu'Enchir-Saïd peut être aujourd'hui habité sans le moindre danger, par des gens que la misère ne talonnera point et qui auront quelque souci de l'hygiène.

Quoi qu'il en soit, le mal a été fait : la plupart des colons de la première heure sont morts ou ont disparu, après avoir abandonné purement et simplement, ou avoir vendu leurs concessions à des acquéreurs ne résidant ni n'exploitant. A l'heure actuelle, à part le maire

Gamba, fils d'un des premiers colons et le brave père Gentet, distributeur des postes, on ne trouverait pas trace de la première couche.

Et pourtant, ce village d'Enchir-Saïd a maintenant tout ce qu'il faut pour réussir. La nature y est riante, plantureuse ; tous les organes nécessaires à l'existence d'un beau village, routes, école, église, lavoir, canaux d'irrigation y existent. Il n'y manque rien que l'homme civilisé, et cette solitude vous poigne le cœur.

Une telle situation ne peut se prolonger, pour l'honneur de ceux qui ont charge de coloniser l'Algérie.

Est-ce donc, par hasard, qu'elle aurait échappé aux regards de ños gouvernants ?

Non, car dès 1883, M. Rouyer, dans son rapport général sur la colonisation, la signalait à leur sollicitude.

Non, car depuis 1886, dès son entrée au Conseil général, M. Boujol, représentant de la circonscription, et un peu plus tard, M. Renier, conseiller général de Guelma, n'ont cessé de renouveler à cet égard vœux sur vœux.

Non, car à la session d'avril 1893, M. le préfet Mengarduque, à propos d'un projet d'échange entamé avec deux propriétaires du pays, s'exprimait en ces termes : « *Ce projet est à l'étude depuis plusieurs années.* »

Nous avons pour habitude constante d'éclairer notre route et de ne rien avancer que sur pièces officielles et, dans la circonstance, ce ne sont point celles-ci qui nous feront défaut.

Le rapport du Préfet, cité plus haut, expliquait que des pourparlers avaient été entamés avec MM. Rigollet et Chuchana, que M. Rigollet avait déjà accepté l'échange qu'on lui proposait aux Beni-Mezzeline, et que si M. Chuchana n'avait pas encore répondu, on pouvait du moins espérer un prochain arrangement, car l'Etat avait à sa disposition, dans les Sellaoua et dans les Haractas, de quoi satisfaire aisément aux exigences de ce propriétaire.

Deux ans et demi se passent sans que la question ait fait un pas. Quelle lenteur !

Enfin, à la session d'octobre 1895, on apprend que M. Chuchana a donné son adhésion et que le Gouvernement général a autorisé l'étude de l'affaire.

La Préfecture s'est mise d'accord avec les propriétaires et propose à Alger la ratification d'une convention provisoire.

Plusieurs mois se passent encore et le Conseil général est avisé, au mois d'avril 1896, que le Conseil de Gouvernement, saisi de la question, a trouvé ·d'abord l'échange trop avantageux pour les concessionnaires et que, de plus — c'est là la vraie perle — « il ne semble pas que le village d'Enchir-Saïd soit aussi délaissé qu'on veut bien le dire, ni qu'il soit nécessaire de procéder à un repeuplement superflu.»

On pourrait, en compulsant les délibérations de notre Assemblée départementale, retrouver la trace du *tolle* qui accueillit des affirmations aussi manifestement contraires à un état de choses pourtant si facile à contrôler, et le docte Conseil de Gouvernement, qui tranche ainsi à distance, sans se donner la peine de vérifier les faits, fut à cette occasion passablement malmené.

Aussi, après le renouvellement d'un vœu exprimé par M. Boujol, en octobre 1896, M. l'Inspecteur général Dormoy, utilisant un voyage qu'il faisait dans l'Est de notre département, vint-il se mettre à la disposition des représentants de Guelma pour examiner diverses questions pendantes, entre autres celle d'Enchir-Saïd.

A la suite de cette démarche, les négociations furent reprises, et pour donner un témoignage de leur désir de ne pas entraver une œuvre d'utilité publique, MM. Rigollet et Chuchana consentirent à diminuer leurs prétentions et à se contenter d'une superficie moindre que celle précédemment réclamée et qui avait motivé, en partie, l'abandon du projet.

Depuis lors, le pays attend ; les sessions d'avril et d'octobre 1897, au Conseil général, se sont écoulées sans aucune communication du Gouvernement général.

Que fait-on à Alger ?

Encore une fois, il ne s'agit pas d'argent à dépenser pour reconstituer Enchir-Saïd. Un peu de bonne volonté suffit. Qu'attend-on ?

Voudrait-on, par hasard, insinuer que ce serait faire œuvre inutile et que l'installation de nouveaux colons ne rendra pas la vie à ce malheureux pays ?

Ah ! ici, il faut s'entendre. Le succès, Messieurs, dépend de vous et de vous seuls.

Nous avons dit ce qu'est Enchir-Saïd, sa situation sur une grand'route départementale, sa richesse en eau, la bonté relative de son sol. Des colons peuvent y vivre et y prospérer, mais à deux conditions essentielles : à savoir que vous leur donnerez de 30 à 35 hectares au moins et que vous y enverrez des agriculteurs soigneusement choisis, pourvus d'un premier capital existant ailleurs que sur le papier, et non point un ramassis de coiffeurs, de garçons de café ou de courtiers électoraux sans sou ni maille.

Vous pouvez, avec les 440 hectares qui sont à votre disposition, installer là DOUZE familles sérieuses. Faites-le, et nous garantissons le résultat.

En dehors des conditions favorables indiquées plus haut pour leur réussite, il en est une autre toute nouvelle et qui présente le plus sérieux intérêt, c'est le voisinage de la grande ferme Meurs, où dans les premières années surtout, les travailleurs d'Enchir-Saïd pourront trouver l'appui le plus efficace en y apportant, dans la morte-saison, le concours de leurs bras, et ce concours, nous sommes autorisé à le dire, ne sera jamais repoussé.

Tout est donc, on le voit, réuni pour plaider la cause du repeuplement d'Enchir-Saïd. Toutes les barrières sont tombées ; la force d'inertie, une force d'inertie coupable, pourrait seule enrayer cette œuvre d'utilité publique.

Nous comptons sur le bon vouloir de l'Administration supérieure et, au besoin, sur la volonté énergique de M. Lépine, pour éviter cette nouvelle faillite.

Ras-el-Akba et Aïn-Trab

17 décembre.

Pour cette fois, nous nous transporterons dans la région de l'Oued-Zénati, et nous y examinerons le cas de deux petits centres on ne peut plus intéressants : *Ras-el-Akba* et *Aïn-Trab*.

Le premier a été créé par la Compagnie Algérienne, de même qu'Aïn-Regada, Aïn-Abid, Bou-Nouara, en exécution des conventions qui la lient envers l'Etat. Cette opération, qui remonte à plus de vingt ans, n'a pas entièrement réussi et on a cru trouver les causes de cet insuccès dans le trop petit nombre de colons installés. Ras-el-Akba était plutôt un hameau qu'un village ; les premiers occupants, trop isolés, ne se sentant pas assez les coudes, n'ayant pu attirer chez eux ni épicier, ni maréchal-ferrant, ni aucun ouvrier d'art, se trouvant par conséquent obligés d'aller se ravitailler au loin, se découragèrant et beaucoup partirent.

Pourtant on ne pouvait souhaiter un site plus salubre, des terres de meilleure qualité, d'eau meilleure et plus abondante, et il apparut dès lors à ceux qui se préoccupent de l'avenir du pays que le remède consistait en un agrandissement du périmètre de colonisation de façon à transformer le hameau en véritable village.

Depuis dix ans au moins, le Conseil général a émis le vœu que l'administration négociât un échange de terres avec la Cie Algérienne, qui possède dans le voisinage d'immenses étendues et qu'on inscrivît au programme la transformation de Ras-el-Akba.

Nous verrons tout à l'heure les phases étonnantes qu'a traversées cette affaire. Mais, avant de pousser plus loin, il convient d'exposer le cas d'Aïn-Trab.

Cet ancien Azel se trouve situé sur la route de l'Oued-Zénati à Aïn-Beïda, à 11 kilomètres du chef-lieu de la Commune de l'Oued-Zénati, à 13 kilomètres de Renier et à 8 kilomètres de Montcalm. Le site est superbe, le terrain de première qualité, l'eau abondante et saine.

Mais, le pays appartenait à la Compagnie Algérienne, et il fallait négocier avec elle pour y installer des colons. L'Administration supérieure s'en chargea : seulement, elle commit la même faute que la Compagnie elle-même avait faite, en partie, à Ras-el-Akba ; on se contenta de 400 hectares environ, sans irrigation possible, et on y installa une douzaine de colons ayant trop peu de terres et se trouvant encore une fois en nombre trop restreint.

Les mêmes causes produisent les mêmes effets : des réclamations ne tardèrent pas à se faire jour et le Conseil général intervenant, il fut décidé qu'on traiterait avec la Compagnie Algérienne pour un nouvel échange destiné à augmenter le nombre des colons et à agrandir quelque peu les premiers lots attribués.

Dès lors, les deux affaires devinrent connexes et l'Administration supérieure eut à négocier avec la Compagnie Algérienne un double échange de terrains, à l'effet d'assurer en même temps l'agrandissement de Ras-el-Akba et celui d'Aïn-Trab.

Ce sont ces opérations que nous allons suivre dans leur marche, en nous bornant toutefois à remonter à une période de cinq ans, de façon à ne pas fatiguer outre mesure l'attention de de nos lecteurs. Et, cette fois comme les précédentes, notre travail sera fait pièces en mains, sur documents officiels, car il n'est besoin ni d'amplifier, ni d'exagérer, pour démontrer la force et le bien-fondé de nos critiques.

Dès le mois d'avril 1895, le rapport de M. le Préfet Mengarduque à l'Assemblée départementale faisait connaître qu'une opération confiée au géomètre D..bout avait eu pour résultat de mettre une étendue de 1013 hectares à la disposition de la Compagnie Algérienne, en échange des terres nécessaires à l'agrandissement de Ras-el-Akba.

Le Directeur de cette Compagnie, ajoutait-on, étudiait l'affaire et n'avait pas encore fait connaître sa décision.

Il semble bien peu probable que cette décision se soit fait attendre pendant des années, et cependant, c'est ce qui paraît résulter du rapport de M. le Préfet Lascombes, daté d'octobre 1895.

Par ce même rapport, on apprend qu'entre temps la Compagnie a été priée de céder 4 à 500 hectares pour l'agrandissement d'Aïn-Trab, mais que sa réponse n'est pas encore connue.

Le Conseil général s'impatiente de ces lenteurs et de cette incertitude, et dans la séance du 11 octobre 1895, M. Rouyer prie M le Préfet de vouloir bien fournir au Conseil des explications devenues nécessaires.

M. Lascombes répond alors que la Compagnie Algérienne a bien accepté l'échange, *en principe*, mais qu'elle recule devant une clause restrictive que veut lui imposer le Gouverneur, à savoir « *que réserve sera faite, au profit de l'Etat, des phosphates qui pourraient se trouver sur les terrains cédés par ledit échange.* »

M. Rouyer fait observer qu'à *priori* il semble que la Compagnie se trouve dans son droit et qu'on ne peut lui demander d'accepter des réserves qu'elle ne formule pas elle-même au profit des terrains cédés par elle à l'Etat.

Le Conseil général tout entier partage cette manière de voir et insiste pour que M. le Préfet agisse dans ce sens auprès du Gouvernement.

Arrive la session d'avril 1896, dans laquelle M. le Préfet Humbert fait connaître la réponse d'Alger.

Cette réponse est négative ; le Gouvernement général déclare qu'en présence des instructions ministérielles, il ne lui est pas possible de supprimer la clause relative aux phosphates, mais qu'on pourrait peut-être tourner la difficulté en augmentant la quantité de terres à offrir en échange à la Compagnie Algérienne.

Le 3ᵉ bureau, par l'organe de son rapporteur M. Rouyer, propose alors au Conseil les conclusions suivantes :

« Messieurs,

« Votre troisième bureau regrette le retard
« apporté à la solution d'une affaire si facile à
« régler.

« En présence de l'intention nettement ma-
« nifestée par le Gouvernement de réserver
« tous les phosphates au domaine public, une
« réserve spéciale imposée à la Compagnie
« Algérienne semble au moins superflue et a
« pu légitimement paraître excessive au Con-
« seil de cette Société. Dans tous les cas, cette
« restriction l'a induite à émettre de nouvelles
« exigences et à retarder encore un peuple-
« ment désirable à tous égards et destiné à une
« réussite certaine.

« Une occasion d'en finir rapidement se pré-
« sente en ce moment, grâce à la présence
« très prochaine à Constantine du Directeur
« général de cette Compagnie en tournée d'ins-
« pection, et le 3ᵉ bureau vous signale cette
« coïncidence en émettant le vœu que M. le
« Préfet veuille bien en profiter pour dissiper

« rapidement, si faire se peut, les dernières
« difficultés pendantes ».

Le rapport est adopté à l'unanimité.

Quelles furent les vues échangées entre le
représentant de la haute Administration et le
Directeur général de la Compagnie ?

Nous ne les connaissons pas par le menu,
mais il est certain, et de nombreuses preuves
l'attestent, que la Compagnie ne demandait pas
mieux que de terminer cette affaire.

M. le Préfet Humbert dut insister à Alger,
car dans son rapport d'octobre 1896, il est dit
que si la question est encore pendante, un pas
du moins a été fait, et que le Service des Mines
a été invité à rechercher s'il existait des phosphates sur les terrains destinés à la Compagnie
Algérienne. Eh bien ! cette recherche a été
faite, et c'est ici que nous allons nous trouver
en face du comble des combles !

Et il faut encore citer textuellement, de peur
de laisser un doute dans l'esprit de ceux qui
nous font l'honneur de suivre cette étude.

*Session d'octobre 1897. Rapport de M. le Préfet
Dufoix. (Page 348).*

« Le Service des Mines ayant fait connaître
« *qu'il n'existe pas de gisements de phosphates*
« dans les terrains que l'Etat se propose de
« céder à la Compagnie Algérienne en échange
« de ceux nécessaires à l'agrandissement de
« Ras-el-Akba, j'ai demandé à M. le Gouver-
« neur général de supprimer la clause relative
« aux phosphates : mais ce haut fonctionnaire
« en a demandé le maintien par dépêche du 7
« novembre dernier ».

Ici, il y a évidemment une erreur de date,
car s'il s'agissait du 7 novembre 1896, M. le Préfet n'eût pas manqué de porter le fait à la con-

naissance du Conseil général à la session d'avril 1897 et n'eût pas attendu onze mois pour le faire.

Mais quelle que soit la date de la décision, comment la qualifier ?

Est-il rien de plus illogique, de plus stupéfiant ?...

Comment, vous savez officiellement de source certaine, par vos ingénieurs, qu'il n'existe pas de phosphates sur les terres que vous allez céder, et vous persistez à en réclamer la propriété !

Vous avez là, sur le métier, un travail commencé depuis plusieurs années, dont l'achèvement doit donner satisfaction aux vœux des populations, régénérer deux villages expirants, assurer l'avenir d'une région intéressante, et la fantaisie ou l'étroitesse d'esprit d'un bureaucrate va suffire à étouffer une solution si impatiemment attendue !

C'est à n'y pas croire.

Mais, il y a plus. La Compagnie Algérienne ne vous demande pas même la suppression complète de la clause concernant les phosphates : elle se contenterait certainement d'une formule indiquant qu'elle sera traitée selon le droit commun, c'est-à-dire qu'elle accepterait de subir, comme tout le monde, les effets et les conséquences des lois en préparation à la Chambre sur les phosphates algériens.

Il n'y a pas de phosphates dans les terrains que vous lui destinez : vos ingénieurs l'ont déclaré. Mais si, par impossible, ils s'étaient trompés, vous vous trouveriez armés envers la Compagnie du droit que la loi vous confère à l'égard de tous, particuliers, sociétés ou collectivités quelconques.

Cela tombe sous le sens. Est-ce donc trop demander à l'un de vos chefs de bureau que de consacrer dix minutes à l'élaboration d'une phrase simple, limpide, destinée à rendre votre acte d'échange acceptable par des gens portés de la meilleure volonté et prêts à faire le nécessaire pour en terminer sans délai ?

M. le Gouverneur général Lépine tient à faire avant tout de l'administration. Voilà encore pour lui une excellente occasion de montrer son esprit d'équité et de décision.

Qu'il nous permette de rappeler ici, comme dans les cas précédents soumis à sa sollicitude, *qu'il n'y a pas un centime à dépenser* pour l'agrandissement de Ras-el-Akba et d'Aïn-Trab.

Ces deux hameaux sont pourvus de tous les organes nécessaires à la vie : routes, écoles, conduites d'eau, etc.

Il suffit de lever le doigt pour les ressusciter. Et il n'est pas besoin, pour cela, du doigt de Dieu.

Guettar-el-Aïech

31 décembre.

Connaissez-vous Guettar-el-Aïech ?

Non. Eh bien ! il faut aller voir ce village si pittoresquement campé sur le flanc d'une colline orientée au Nord et regardant Constantine, dont 18 kilomètres à peine le séparent.

Seulement, croyez-en notre conseil, n'approchez pas trop près et contentez-vous de l'admirer à distance.

Le coup d'œil est charmant et peut soutenir la comparaison avec nos plus riantes communes du Dauphiné.

Mais si, par malheur, vous poussez plus loin la curiosité, quelle désillusion !

Ah ! les rues sont droites, tirées au cordeau, larges et bien aérées. Oui, mais la plupart des maisons qui les bordent sont écroulées, les murs éventrés, les toits arrachés et troués : l'herbe et les chardons seuls prospèrent insolemment sur ces ruines.

De ci, de là, vous rencontrez encore une construction habitée, à peu près intacte, le bureau des Postes, la Mairie, l'Ecole, un café, et c'est presque tout.

On dirait vraiment que les Vandales ont passé par là !

Les Vandales, c'est beaucoup dire. Mais la misère, à coup sûr. Pouvait-il en être autrement ?

Nous laisserons au public le soin d'en juger, après l'exposé qui va suivre.

Guettar-el-Aïech a été créé vers 1870.

On avait tenu à faire à peu près grand et le village fut divisé en 61 attributions, dont 4 fermes.

Malheureusement, dans le nombre des attributaires, *vingt-trois* seulement étaient des cultivateurs de métier et le reste se décomposait ainsi :

6 Veuves, de professions diverses ;
1 Epicier ;
7 Employés de commerce ;
2 Perruquiers ;
4 Entrepreneurs ;
7 Ouvriers de fabrique ;
2 Cordonniers ;
1 Négociant ;
1 Boulanger ;
1 Boucher ;
1 Infirme ;
1 Menuisier ;
1 Rentier ;
1 Voyageur de Commerce ;
1 Charretier ;
1 Cantonnier.

Jamais, on le reconnaîtra, l'électisme ne se donna plus libre carrière.

Assurément, on a pu voir en Algérie, sur certains points, des gens énergiques et travailleurs s'improviser cultivateurs et réussir ; mais on nous accordera bien que c'est là l'exception et non la règle, et que pour former un centre agricole, il convient de choisir en majorité des agriculteurs.

Le ver était donc là, dans le fruit, à l'origine, et par la faute de l'Administration.

Cette faute, hélas ! ne fut pas la seule. Quand le village fut créé, il n'y avait pas de route pour y accéder, l'eau y était rare et mauvaise, et les premiers occupants durent se mouvoir dans des conditions déplorables.

Plus tard, la voirie fut établie, et elle est aujourd'hui parfaite. Une nouvelle conduite d'eau fut aménagée ; Guettar-el-Aïech est maintenant on ne peut mieux pourvu.

Mais avant que ces améliorations fussent apportées, la maladie, la misère étaient venues faire leur œuvre, et jointes au mauvais choix des premiers colons, elle avaient suffi à ruiner le pays et à y faire le vide.

La plupart des concessions avaient été vendues par des gens découragés, ou acquises par des créanciers urbains peu soucieux de se substituer, en tant que colons, à leurs débiteurs, et les indigènes ne tardèrent pas à reprendre possession du sol, soit comme propriétaires, soit comme locataires.

Un tel état de choses ne pouvait moins faire que d'émouvoir l'opinion. Il semblait à tous qu'un pareil avortement, aux portes de Constantine même, constituait un aveu d'impuissance, contre lequel il importait de réagir, et l'Administration fut saisie de diverses demandes tendant à la reconstitution du centre français de Guettar-el-Aïech.

De 1889 à 1892, deux projets furent concurremment étudiés, tendant tous deux au même but. Il s'agissait d'abord d'affecter les 600 hectares du pénitencier d'Aïn-el-Bey à la commune de Guettar et de les partager en un certain nombre de colons. En même temps on aurait racheté environ 500 hectares aux propriétaires résidant à Constantine et qui ne faisaient point valoir directement leurs terres.

L'étude de ce projet fut lente et aboutit, en 1895, à un refus formel du Gouvernement général. Les objections formulées par ce dernier ne manquaient pas de valeur. On ne pouvait enlever à l'autorité militaire la jouissance d'Aïn-el-Bey, sans lui trouver ailleurs une installation équivalente : il fallait de l'argent. On ne trouvait pas non plus très rationnel de racheter des terres déjà concédées une première fois et passées dans la main d'Européens.

Les promoteurs de la reconstitution de Guettar-el-Aïech ne se découragèrent pas.

Le 3ᵉ bureau du Conseil général, tenant pour valables les objections du Gouvernement, indiqua aussitôt un moyen de régler la question sans allocation budgétaire. Abandonnant le projet d'Aïn-el-Bey, il conclut qu'il était tout au moins possible de s'arranger avec les propriétaires constantinois.

« Ces propriétaires, dit-il, ne cultivent pas ; ils se contentent de faire valoir leurs capitaux et louent aux indigènes, ce qui est leur droit. Dès lors, pourvu qu'ils trouvent la rémunération de leur argent, peu leur importe que ce soit à Guettar ou ailleurs. Vous avez des terres disponibles à peu de distance, dans la commune mixte d'Aïn-M'lila ; proposez-leur un échange : favorisez-les même quelque peu dans cet échange et ils accepteront. »

Par lettre du 2 mars 1896, le Gouvernement général fait cette réponse tant soit peu bizarre, « qu'il ne peut que maintenir son refus, attendu que le Conseil général n'a introduit dans la question aucun *élément nouveau.* »

Une protestation s'imposait et elle ne se fit pas attendre :

« Comment, s'exclame M. Rouyer, rapporteur du bureau de la colonisation, au lieu d'un rachat à prix d'argent, nous vous proposons la voie de l'échange, et vous dites que nous n'avons rien indiqué de nouveau ? Mais vous ne nous lisez donc pas à Alger ! »

Et le Conseil général conclut à l'unanimité :
1º A ce que l'Administration supérieure examine la question d'échange dans les Ouled-Hamla, de la commune mixte d'Aïn-M'lila ;
2º A ce qu'en cas d'impossibilité de réussir de ce côté, on veuille bien étudier un autre projet

d'échange dans les azels d'Aïn-Sedjar, des Ouled-Diala et d'Aïn-Grouch.

Un an se passe et aucune solution n'apparaît. La session d'octobre 1896 s'ouvre au Conseil et MM. Treille et Rouyer, qui viennent d'aller visiter Guettar-el-Aïech, retournent à la charge.

Ils exposent qu'il est à leur connaissance que certains propriétaires de Constantine sont tout disposés à accepter des propositions d'échange. En admettant que tous ne soient pas également prêts à entrer dans les vues de l'Administration, ce serait toujours autant de trouvé pour le repeuplement de Guettar. Ils ajoutent qu'en dehors des indications déjà fournies l'année précédente, il serait facile d'opérer des prélèvements dans les communaux d'Aïn-Nechfra, d'Aïn-Guerfa et d'Aïn-Guettar, les plus voisins du centre, sauf à reconstituer ces communaux par des prélèvements dans les azels les plus proches.

Le Conseil général, à l'unanimité, appuie la proposition et la recommande chaleureusement à l'attention du Gouvernement. Ceci se passait, nous l'avons dit, à la session d'*octobre 1896*. Or, au mois d'avril 1897, le rapport de M. le Préfet Dufoix dit simplement que, par dépêche en date du mois d'*août 1896*, M. le Gouverneur général l'a avisé qu'il avait pris en considération le vœu d'*avril 1896* et qu'il faisait étudier la possibilité d'un échange. Il y a là sans doute, un premier résultat acquis ; mais cette dépêche d'*août 1896* ne pouvait viser le vœu exprimé deux mois plus tard, en *octobre* de la même année, et ce vœu introduisait dans le débat, on ne peut le nier, de nouveaux éléments de succès.

Très certainement, il a dû arriver depuis lors dans les bureaux d'Alger et il faut espérer que, joint au dossier de l'affaire, il aura contribué à en faciliter l'instruction.

Quoi qu'il en soit, une nouvelle réunion de l'Assemblée départementale a eu lieu depuis cette époque, en octobre dernier, et cette fois, aucune communication n'a été faite touchant Guettar-el-Aïech.

On ne sait ce que devient cette affaire, et pourtant, ne sommes-nous pas en droit de la ranger dans cette catégorie de solutions faciles à régler sans difficultés ni sacrifices budgétaires, dans le nombre de celles qu'un peu de bon vouloir et de travail suffirait à faire aboutir?

On n'a, pour cela, que l'embarras du choix : échange avec des propriétaires tout disposés à traiter, prélèvement sur des azels appartenant à l'Etat, prélèvement sur les communaux mêmes de Guettar, faciles à reconstituer aussitôt par des territoires voisins entièrement libres.

Avons-nous rêvé tout cela?

Si oui, pour Dieu qu'on nous le dise et qu'on nous le prouve.

Mais qu'on ne se cantonne pas dans une superbe indifférence ou dans un farniente qui cadre mal avec les besoins de la colonisation.

Autant que les autres affaires déjà signalées à la haute intervention de M. le gouverneur général Lépine, celle-ci nous paraît digne d'attirer son attention et nous n'hésitons pas à la lui soumettre avec confiance.

CONCLUSION

7 janvier 1898.

Nous allons résumer et conclure, ne voulant pas fatiguer outre mesure l'attention du lecteur et désireux d'aboutir, nous aussi.

C'est avec intention, et nous l'avons nettement indiqué au début de cette étude que nous avons choisi, entre cent autres, les dossiers d'Aïn-M'lila, d'Enchir-Saïd, de Ras-el-Akba et de Guettar-el-Aïech.

Il était de la dernière importance à nos yeux de laisser de côté les affaires comportant une difficulté budgétaire quelconque, quelque mince qu'elle fut, et nous croyons y avoir réussi.

Dans les quatre problèmes soumis à l'appréciation du public, en même temps que recommandés à la haute sollicitude de M. le Gouverneur général, aucun obstacle ne provient, on l'a vu et nous l'avons prouvé, de la question d'argent.

Encore convient-il de distinguer entre ces dossiers et de les présenter par ordre d'urgence, ou, pour être plus exact, de différencier entre eux ceux dont la solution est la plus facile.

A proprement parler, nous ne voyons de difficulté sérieuse nulle part ; mais il faut reconnaître cependant que pour les irrigations d'Aïn-M'lila et pour les échanges de Ras-el-Akba et d'Aïn-Trab, le gouvernement général n'est pas entièrement libre de trancher.

De ce côté, une correspondance sera nécessaire avec Paris.

On a fait croire au ministre de l'Agriculture, par exemple, qu'il ne lui était pas possible de soutenir les intérêts de ses clients naturels, les colons, aussi longtemps que l'instance engagée entre l'Etat et la maison Lavie n'aura pas été résolue. Il appartiendra donc au Gouvernement général de rectifier sur ce point une opinion erronée et de démontrer au ministre que les eaux obtenues au moyen des drainages opérés dans la cuvette d'Aïn-M'lila ne peuvent être à aucun titre réclamées par les usiniers, et que ces usiniers eux-mèmes ont voté le projet d'assainissement et d'irrigation de la plaine d'Aïn-M'lila (1).

En ce qui concerne la Compagnie Algérienne et les échanges nécessaires à l'agrandissement d'Aïn-Trab et de Ras-el-Akba, les bureaux d'Alger peuvent, en quelques lignes, faire connaître au Ministère que la Compagnie ne réclame aucun privilège, aucun droit spécial sur des phosphates, *qui d'ailleurs n'existent pas*, et qu'elle s'incline d'avance devant les conséquences de la loi actuellement en préparation au Parlement.

Voilà qui ne doit pas demander, croyons-nous, un grand effort d'imagination, une grande somme de travail.

Il restera donc à régler les deux affaires d'Enchir-Saïd et de Guettar-el-Aïech, — la première extraordinairement simple, puisqu'on n'a en face de soi que deux particuliers consentant à accepter ce qu'on leur offre, la seconde, un peu plus compliquée dans ses détails, mais relevant exclusivement des services algériens.

Avons-nous été suffisamment clair et nous sommes-nous bien fait comprendre dans ce

---

(1) La démonstration se,a d'autant plus facile que le Conseil d'Etat s'est enfin prononcé dans l'instance Lavie, postérieurement à la publication de notre premier travail.

plaidoyer, restreint intentionnellement à ce petit coin de notre territoire ?

On nous permettra de l'espérer, tout amour-propre mis à part, car nous croyons connaître la question et nous avons pris le soin de n'avancer que pas à pas, en nous entourant de documents officiels tout à fait précis.

L'idée d'entreprendre la campagne, sous cette forme, nous est venue — pourquoi ne pas le dire — à la suite de l'arrivée du nouveau Gouverneur général et des déclarations si nettes par lesquelles il a marqué sa prise de possession.

« Je viens faire, avant tout, œuvre d'administration », a dit M. Lépine.

A cela, nous avons applaudi des deux mains.

Mais les forces humaines ont des limites, et, pour si bien doué que soit notre Gouverneur, nous avons pensé qu'il convenait de l'aider en lui signalant certains points de sa tâche où l'action d'une volonté ferme pouvait être suivie de résultats immédiats.

Son récent discours d'Alger, au Congrès des agriculteurs, n'est pas fait pour nous refroidir ; bien au contraire.

Sans doute, des esprits quelque peu susceptibles, pourront estimer exagérés les passages de ce discours où le Gouverneur croit trouver la cause de nos souffrances dans le *manque d'entente* ou *d'énergie persévérante*. D'autres diront peut-être que l'allusion à la politique *d'estaminet* était plus que risquée dans un pays où on ne connaît pas même de nom l'estaminet et où nous préférons choquer nos verres au grand air des boulevards ou sous les riantes tonnelles du village. Mais cela, ce n'est pas du Lépine, c'est tout au plus l'indication tendancieuse et intéressée, fourrée dans ses bagages au moment du départ, par des politiciens vivant de politique et nous exploitant à distance.

Ce qui est certainement dans le cœur du représentant de la France, et ce que nous voulons seul retenir, c'est sa ferme, virile et honnète intention de nous aider à mettre en valeur les richesses du sol algérien.

Et c'est pourquoi nous n'hésitons pas à frapper à sa porte, à nous adresser à son impartialité et à lui demander d'entendre nos doléances.

Dans les affaires que nous lui soumettons aujourd'hui, s'il veut bien condescendre à les examiner, il trouvera surtout la trace d'un esprit fàcheux et que nous voudrions voir disparaître ; le manque de foi dans l'avenir de la colonisation.

« A quoi bon se remuer, disent certaines gens. Nous n'aboutirons pas. Voilà des villages qui n'ont rien fait ; ils ne feront pas davantage dans l'avenir. »

Rien n'est plus faux : cela a été démontré.

Ces villages n'ont pas réussi parce que vous les avez créés dans des conditions où, forcément, ils devaient végéter.

Réparez vos fautes et vous verrez s'ils ne se relèvent pas et si la vie, une vie intense, ne succédera pas à l'anémie.

Sur d'autres points, ce n'est pas l'indifférence que constatera M. le Gouverneur général, mais bien l'intrusion de chinoiseries administratives, comme dans l'affaire des *phosphates éventuels* d'Aïn-Regada, ou ailleurs, la malveillance entêtée de certains services hostiles aux colons et plutôt portés, on ne sait pourquoi, à soutenir des intérêts particuliers.

Dégagé de toute préoccupation de ce genre, imbu du sentiment de sa haute responsabilité et animé du désir de laisser trace de son passage en Algérie, M. Lépine saura discerner la vérité et jeter dans la balance un bienfaisant *quos ego.*

Modeste interprête dès travailleurs de la terre, de ces courageux colons venus de France ou nés sur la terre d'Afrique et qui ne demandent qu'un aliment pour leurs bras prêts à la besogne, nous remettons avec confiance leur cause entre ses mains.

POST-SCRIPTUM INATTENDU

Grâce aux lenteurs ordinaires des transmissions officielles, l'auteur des lignes qui précèdent, ignorait, en les écrivant, qu'une décision favorable venait d'être prise enfin relativement aux phosphates éventuels d'Aïn-Regada.

Le Gouvernement général renonce à la clause qui entravait si malencontreusement la conclusion de l'affaire, et nous lui marquons un bon point.

Par contre, il vient de se prononcer de nouveau contre le repeuplement d'Enchir-Saïd.

Cela n'est pas fait pour nous décourager, bien au contraire, car cette décision étrange est datée du 12 novembre, c'est-à-dire d'une époque de transition, entre le départ de l'ancien Gouverneur et la prise de possession du nouveau.

M. Lépine n'est pas engagé, personnellement, et nous pouvons aller hardiment en appel devant lui.

Fort des avis émis par l'Administration préfectorale elle-même, des vœux dix fois répétés du Conseil général, de l'accord absolu de la presse locale en cette affaire, nous avons le meilleur espoir de vaincre enfin le bizarre et inexplicable mauvais vouloir qui s'est opposé jusqu'ici au repeuplement d'Enchir-Saïd.

NOS COLONS

UN BEL EFFORT

19 novembre 1897.

Au Directeur du *Républicain*,

Mon cher ami,

Vous avez, depuis l'an dernier, pris à tâche de faire connaître les grands domaines du département de Constantine et de mettre en lumière les courageux efforts de ces colons algériens, presque ignorés de la France, quand ils n'y sont pas — ce qui est pis — calomniés et désavoués.

Votre œuvre laborieuse n'est pas achevée ; vous avez, naturellement, commencé par les environs de Constantine ; de là, vous avez abordé Batna, Sétif, et vous venez récemment d'étudier la Kabylie. Le tour de la région de l'Est n'est pas encore venu. Voulez-vous me permettre, en attendant, de vous faire part d'une véritable découverte que je viens de faire à quelques kilomètres de Guelma, sur cette route de Philippeville, si belle, si pittoresque, si parfaitement entretenue et sur laquelle, hélas ! ne passent plus depuis longtemps ni voitures ni cavaliers, ni piétons.

A peine le marché de Guelma attire-t-il une fois par semaine quelques maigres équipages venus de Jemmapes.

Le reste du temps, c'est la solitude, c'est le désert, un désert verdoyant, si l'on veut, couvert d'une végétation abondante et vigoureuse, sans atteindre toutefois les proportions de la forêt, mais où l'absence de l'homme n'en paraît que plus étrange et plus fâcheuse.

Il est évident, à première vue, qu'on n'a pas construit une route superbe, et cela depuis plus de trente ans, pour traverser simplement de belles broussailles et de plantureuses olivettes sauvages ; et, dans le fait, l'idée colonisatrice avait marché de pair avec les travaux publics. Le jalonnement des villages était bien compris. En partant de Guelma, l'Oued-Touta (Keller-mann), Enchir-Saïd et Gastu, sur un parcours de 36 kilomètres, formaient des étapes suffi-samment rapprochées — à la condition que ces centres prospérassent et qu'aucun des anneaux de la chaîne ne se rompît.

Or, c'est ce qui est précisément arrivé pour Enchir-Saïd, l'anneau principal, aujourd'hui presque totalement en ruines, ruines que, par une sorte de pudeur, s'efforce de cacher la superbe et princière avenue de platanes qui précède, traverse et continue le village.

Kellermann n'a subsisté que grâce au voisi-nage immédiat de Guelma et ne peut se déve-lopper faute de terres, et Gastu sent l'anémie en dépit de la beauté de son site.

Qui viendra rendre la vie à cette région en-dormie ou enguignonnée ?

L'Administration pourrait rompre le charme et elle le pourrait promptement, sans bourse délier, en hâtant le règlement de l'échange projeté à Enchir-Saïd, de façon à infuser à ce pauvre village un sang nouveau ; une douzaine de familles, soigneusement choisies, suffiraient à assurer ce résultat.

Il y a également quelque chose à faire à Kellermann, mais je glisse sur ces deux points — qui seront repris sous peu et sur un autre terrain — pour ne pas vous faire attendre plus longtemps la découverte annoncée.

Les lignes qui précèdent étaient indispensables pour vous donner la topographie du pays et une idée de sa situation économique.

Il y a peu de temps encore, tout ce que je viens de dire, à ce propos, était rigoureusement exact. Mais voici qu'aujourd'hui, cela commence à ne plus l'être et qu'en attendant la résurrection administrative, des gens courageux et intelligents se sont mis à l'œuvre, révolutionnant de façon bienfaisante une partie du pays.

Naguère encore, sur tout le parcours des 15 kilomètres qui séparent Enchir-Saïd de Gastu, la route courait au milieu de broussailles épaisses qui s'étageaient à droite et à gauche, sans solution de continuité, sur les deux versants de l'Oued-Hammam. Seule, une très modeste ferme bâtie en 1865 par M. Meurs père, marquait une intention de colonisation. En fait, elle ne comportait aucun train de culture et n'avait été construite que pour la surveillance et la récolte d'une assez belle olivette. Aujourd'hui, et comme par un coup de baguette, cette modeste installation est devenue le siège d'une grande exploitation. Sur les 740 hectares dont se compose le domaine, 400 ont été défrichés à fond, avec dessouchage et épierrement complets.

Un canal d'irrigation, amorcé sur l'Oued-Hammam, donne 50 litres d'eau à la seconde et va, après un parcours de 5 kilomètres, porter la vie dans les belles plaines qui avoisinent la ferme.

Vingt hectares de luzerne et vingt-cinq hectares de prairies vont être semés cette année sur labours admirablement préparés. Outre la betterave qui, dès l'an dernier, a donné d'excellents résultats, la pomme de terre est traitée sur une grande échelle, et le sorgho sucré entrera aussi pour une bonne part dans les produits de la ferme.

Grâce à l'achèvement du canal, un petit moteur hydraulique actionne sans bruit ni effort, une pompe qui alimente la ferme et distribue l'eau dans les bâtiments d'habitation aussi bien que dans les magasins, aux étages supérieurs ; les écuries et les étables sont également approvisionnées automatiquement.

Sous peu, et par l'emploi de la même force, l'éclairage électrique sera installé partout.

Enfin, la création de vergers — impossible jusqu'ici sans irrigation, mais tout indiquée maintenant dans cette vallée à riche fond de sol, à température assez chaude, modérée par l'apport régulier et quotidien de la brise de mer ne va pas tarder à suivre. Dix mille arbres vont être plantés, orangers, citronniers, etc.

Cent cinquante hectares destinés aux céréales sont labourés annuellement par les charrues de la ferme, qui marchent presque tout l'été et entretiennent en même temps en parfait état de culture les magnifiques oliviers couvrant la propriété. Actuellement vingt mille de ces arbres ont été greffés, dont la moitié au moins en plein rapport d'ancienne date. (C'est, comme nous l'avons dit, la seule chose qui ait été faite à l'origine et depuis l'acquisition des terrains).

Mais, ainsi qu'on l'a vu plus haut, par l'énumération des produits de la ferme, luzernes, fourrages artificiels, betteraves et sorgho, c'est surtout sur l'élevage et l'engraissement du bétail que les intelligents propriétaires de Bou-Snib concentrent leurs efforts.

Une porcherie, trés bien organisée, abrite trois cents animaux de diverses races sélectionnées, et l'an dernier, près de six cents bœufs ont été vendus sur les marchés de la métropole.

Sans vouloir médire de la vigne, j'ai constaté avec plaisir que les exploitants avaient su borner leurs efforts et ne s'étaient pas embarrassés de cette culture parfois rémunératrice mais, à coup sûr, toujours absorbante. Je les en félicite et ils s'en félicitent chaque jour eux-mêmes; le phylloxera, de cette façon, et la loi toujours promise et toujours attendue sur les bouilleurs de crû, ne les empêchent pas de dormir.

Mon exposition serait incomplète si je ne parlais pas ici du personnel ouvrier et de la sécurité, deux questions qui se touchent souvent de bien près et occupent dans tous les cas, une large place dans les préoccupations de tout colon algérien.

Les propriétaires de Bou-Snib sont eux-mêmes les directeurs de leur exploitation. Ils y suffisent largement avec un contre-maître français, un charron-forgeron et un garçon charretier de même nationalité. En dehors de cela, ils n'emploient que des indigènes du pays et j'avoue avoir été émerveillé, moi qui connais le naturel volontiers paresseux et inerte des Arabes de la région, de voir manœuvrer par eux, les charrues Brabant, les herses articulées, les rouleaux Crockshill, et les chariots de la ferme, avec une véritable maëstria.

Il est vrai que ce résultat n'a pas été obtenu du premier coup et qu'il a fallu procéder par sélection; mais ce résultat n'en est pas moins remarquable et en a amené un autre, non moins important : la sécurité.

En effet, dans ce pays assez mal famé jadis, l'ordre règne et les vols sont maintenant moins fréquents qu'ailleurs. Les propriétaires sont fermes, sévères, mais justes, et comme tels, respectés par les indigènes, leurs voisins et leurs obligés.

La seule ombre au tableau qu'on vient de voir provient peut-être de l'éloignement des lieux de vente et d'écoulement. Il y a, en effet, plus de 60 kilomètres de la ferme aux deux ports d'embarquement, Bône et Philippeville. Mais cette condition défectueuse n'est que momentanée, car la ligne récemment votée d'Aïn-Mokra à Jemmapes et Saint-Charles, passera bientôt à moins de 9 kilomètres de Bou-Snib et permettra aux producteurs de déverser économiquement leurs récoltes et leurs animaux, à leur choix, sur l'un des deux ports précités.

Ce jour-là leur réussite est certaine et n'aura de limite que celle de leurs efforts et de leur production !

Et maintenant, mon cher ami, il est temps, n'est-ce pas, après vous avoir présenté l'œuve, de vous en faire connaître les auteurs.

M. Meurs, père, fut autrefois architecte en chef des bâtiments civils du département de Constantine, où il a laissé les meilleurs souvenirs dans l'esprit de tous ceux qui l'ont connu. Son frère cadet, qui vit encore et vient d'être récemment promu commandeur de la Légion d'Honneur, a été médecin en chef de l'hôpital militaire du Dey à Alger. Cette famille, originaire du Nord et du Pas-de-Calais, est devenue, par ses longs services, éminemment algérienne.

M. Meurs, l'architecte, avait foi dans l'avenir de notre pays et c'est ce qui le décidait, vers 1860, a acquérir aux enchères publiques, les terrains de la vallée de l'Oued-Hammam. Mais il ne paraît pas qu'il ait songé à se faire lui-même colon, et après avoir pris sa retraite, installé à Aix-en-Provence, il dirigea ses deux fils vers l'étude du droit. Tous deux devinrent magistrats.

Ils l'étaient encore il y a quatre ans, lorsque le souvenir de l'Algérie, où s'était écoulée leur enfance, et l'idée de tirer un parti plus sérieux de la propriété familiale, les amenèrent à démissionner.

Ils se dirent, sans doute, qu'il y avait mieux à faire que de condamner des fournées de délinquants ou à entendre ergoter sur les difficultés du mur mitoyen, et qu'un citoyen actif valait mieux que le meilleur des juges somnolents.

Il est vrai qu'il fallait, en même temps, dire adieu aux plaisirs de la vie facile, aux charmes d'une société mondaine au sein de laquelle leur fortune et leur éducation raffinée leur assuraient une place de premier rang. L'aîné, M. Edouard Meurs, vint le premier s'installer dans la broussaille qu'était alors Bou-Snib, et comme ses connaissances en agriculture étaient alors nulles ou à peu près, il se mit bravement à la charrue, piquant sa tête du premier coup comme l'apprenti nageur décidé à devenir maître.

Son œuvre, nous l'avons esquissée plus haut. Elle est tout simplement merveilleuse pour quiconque connaît le prix du temps et celui de l'argent.

Peu après son arrivée, M. Alphonse Meurs, le plus jeune des deux frères, venait le rejoindre. Mais, avec l'esprit pratique dont il semble heureusement doué, il comprenait que pour le succès de l'œuvre commune, il devait conserver un pied en France, afin de pouvoir mieux assurer, le moment venu, le placement des produits de l'exploitation.

C'est ainsi que tout en passant plusieurs mois par an en Algérie, M. Alphonse Meurs n'en est pas moins l'un des membres les plus influents de la municipalité d'Aix, où il est fort apprécié.

Grâce à ses relations dans ce pays, il a pu y installer une maison de commerce, comme nous souhaiterions en voir sur divers points de la France et où se concentreraient tous les produits algériens.

En pratiquant de la sorte, non seulement les frères Meurs se sont soustraits aux fourches caudines du terrible courtage marseillais, mais animés d'un large esprit de solidarité, ils se sont mis à la disposition de tous ceux de leurs amis d'Algérie qui pourraient se trouver embarrassés pour le placement de leurs produits.

C'est ainsi, par exemple, que dans la dernière campagne, ils ont pu ouvrir au bétail algérien, et sans intermédiaires, le grand marché d'Aix, l'un des plus importants du Midi et tributaire jusque là de la bande noire de Marseille.

Après les bœufs, viendront les vins, puis les huiles, puis les fruits et les primeurs.

Exposer cette situation, c'est faire le plus bel éloge de ceux qui en ont conçu l'idée et qui l'ont réalisée par leur persévérance autant que par leur esprit d'initiative.

Nous leur marchanderons d'autant moins les éloges que de tels exemples sont bien faits, non seulement pour provoquer des efforts analogues au plus grand profit de la Colonie, mais encore pour nous servir d'arguments contre nos détracteurs de la Métropole.

A ces petits crevés, possesseurs de beaux carnets de chèques gagnés par le travail paternel et qui promènent leur ennui sur le boulevard ou dans les mauvais lieux de la capitale; à ces écrivains en chambre qui professent doctrinalement sur une colonie où ils n'ont jamais mis les pieds ; à ces contempteurs du colon qui le représentent comme l'oppresseur et le fléau des indigènes ; à cette masse d'inconscients et d'ignorants qui, parlant comme un aveugle le ferait des couleurs, émettent la prétention de nous juger à distance, nous dédions l'exemple réconfortant des frères Meurs.

Et, que ces gens le comprennent ou non, nous nous en enorgueillissons pour notre compte au nom de l'Algérie française.

L. ROUYER